SERVICIO

y personal

Estrategia para el éxito

Libro de auto-instrucción con certificación digital por el ISFI

Yudy Medina

ISFI

INSTITUTO SUPERIOR DE FORMACIÓN INTEGRAL

INSTITUTO SUPERIOR DE FORMACION INTEGRAL

CERTIFICA QUE:

HA PARTICIPADO EN EL CURSO

SERVICIO Y PERSONAL
ESTRATEGIA PARA EL EXITO

Yudy Medina
Directora

Mi fórmula para el
éxito empresarial es:
Mejor gestión de quejas, lo que
es igual a más altos niveles
de Satisfacción de los Clientes,
lo que es igual a mayor lealtad,
lo que es igual a
más altos niveles de utilidad.

“Es necio y vergonzoso responder antes de escuchar.”

Proverbios 18:13 NVI

“El buen juicio hace al hombre paciente; su gloria es pasar por alto la ofensa.”

Proverbios 19:11 NVI

“Los pensamientos humanos son aguas profundas; el que es inteligente los capta fácilmente.”

Proverbios 20:5 NVI

DEDICATORIA

A mis nietos Yulianna, Mateo y Victoria.

A mis hijas Abemar, Naemar y Fabiola.

A mis yernos Eduardo Montolio y José Napolitano,

que son mi inspiración y mi vida.

AGRADECIMIENTOS

A mi mentor Francisco Navarro Lara,
con él y por él este libro.
A mi hija Naemar Beltrán,
por su apoyo incondicional.
A Gastón Alcocer,
por su importante ayuda.
A Sikiu y Junamar, por su colaboración.
A María Esperanza Osorio, Marisol Corsa,
Nikol Pedraza, Ricarda Pantoja, Deyanira De
Stefano y Ramón Pérez, por su ayuda.
A todos eternamente agradecida por su solidaridad.

Prólogo

En este momento, líderes empresariales, dueños de empresa y emprendedores de todo el mundo, están aceptando con menor resistencia, que el SERVICIO, es la mejor estrategia para alcanzar el éxito, porque reduce gastos de publicidad y aumenta la lealtad y utilidad.

Vender productos o servicios con una excelente calidad, y adaptados a las necesidades de cada cliente, es el fundamento para cualquier empresa que desea ser exitosa. Sin embargo, en los últimos tiempos, ante una sociedad tecnológica cada vez más exigente y ávida de un servicio veloz y personalizado, en todo momento y desde cualquier lugar, parece no ser suficiente esta premisa.

La Cuarta Revolución Industrial, ha redefinido la expectativa del cliente, a tal punto, que el 80% de ellos, admiten que en su experiencia de compra en una empresa, el servicio es tanto o más importante que sus productos.

Estas exigencias por parte del cliente, y la competitividad entre empresas por prestar un servicio personalizado, especial, cumpliendo con las expectativas de cada cliente, quien tiene la última palabra al momento de escoger donde adquirir el producto o servicio deseado, plantean la necesidad de saber que, para hacerlo primero y mejor que la competencia, se debe **contar con estrategias y pautas a seguir**, que formen parte de la gerencia corporativa y permitan alcanzar eficazmente los objetivos.

Ante esta nueva visión, el personal de servicio al cliente, se encuentra en constante búsqueda de estrategias, que permitan descifrar cómo es posible brindar mejores experiencias al cliente, diferenciar marcas y generar ventajas competitivas.

Atendiendo este llamado, te presento una obra maravillosa, que ofrece una serie de ideas y soluciones prácticas: **SERVICIO y personal. Estrategia para el éxito**, un eficaz libro de auto-instrucción y mejoramiento profesional, con preguntas para la reflexión y el razonamiento, así como orientaciones colmadas de liderazgo gerencial, que te permitirá posicionar el servicio como la estrategia para alcanzar el éxito y que, como empresario, puedes ejecutar de inmediato, convirtiendo tu empresa en un modelo de servicio al cliente, conquistando su lealtad, y aumentando notoriamente la utilidad.

Además, vas a recibir una **certificación digital** de la empresa didáctica Instituto Superior de Formación Integral ISFI, asistiendo a un taller gratuito, impartido en dos sesiones de 90 minutos cada una, a través de Facebook, que expone, la metodología a seguir, para desarrollar paso a paso, el plan de calidad en el servicio adecuado a tus requerimientos.

Toda empresa que anhele triunfar, debe invertir en la capacitación y actualización del personal, como parte de una estrategia gerencial: para que cada uno de los empleados esté involucrado en la política de servicio, considerando, que la mejor publicidad para una corporación, son las reseñas positivas que van de boca en boca, que pueden llevar a las personas a la puerta de la empresa y convertirse en clientes permanentes y leales.

Al aceptar el servicio al cliente como una de las mejores y más efectivas herramientas de mercadeo, cautivando con un personal empático, naturalmente amable, y enfocado en su constante capacitación y actualización, lograrás posicionar tu empresa en el mercado actual, y obtener gran utilidad.

Este libro, evidencia que **la ventaja comparativa y competitiva entre una empresa y otra, lo hace su cultura de servicio**, llegando a ser el elemento diferenciador o Plus, que le permite destacarse del resto de forma exponencial.

Yo, Yudy Medina, transmito mi experiencia en el área, con la cual logré incrementar las metas de ventas en un

200%, exponiendo las virtudes de esta filosofía, como una **herramienta imprescindible para posicionarse en el mercado reinante**, y ofreciendo orientaciones de la mano del liderazgo gerencial ante las interrogantes planteadas, que te llevarán a alcanzar el crecimiento empresarial, mayor utilidad y ganacias.

Estableciendo el servicio al cliente como parte del plan estratégico y políticas de tu empresa, alcanzarás el éxito vertiginosamente, y estarás en el camino correcto para expandir tus logros empresariales, aclamando con gran orgullo:

¡MI EMPRESA TIENE EL MEJOR PERSONAL, PARA OFRECER A SUS CLIENTES UN SERVICIO 5 ESTRELLAS!

YUDY MEDINA

SERVICIO

"Un buen servicio se
traduce en altas ventas,
lealtad de los clientes
y gran reputación boca a boca".

Servicio

Desde siempre, los clientes han exigido el mejor trato para cubrir sus necesidades, de forma oportuna, específica y positiva, y la calidad en el servicio, es un tema que atañe a las empresas, independientemente de sus características, servicio y funcionalidad.

El servicio al cliente, corresponde a todas aquellas acciones implementadas para satisfacer los requerimientos, necesidades y expectativas de cada usuario, antes, durante y después de comprar un producto o recibir un servicio. Bajo este concepto, muchas corrientes de pensamiento, lo describen como Servicio de Atención al Cliente, cuyo propósito es **LA SATISFACCIÓN TOTAL DEL CLIENTE.**

El servicio al cliente, como estrategia para alcanzar el éxito, es el elemento diferenciador o plus, es esa ventaja comparativa y competitiva que tiene una empresa que comercializa el mismo producto o servicio que su competencia y desea superarla, es ese extra y ese valor agregado que ofrece una empresa con la visión y misión de convertirse en un negocio o corporación con estándares de actuación de clase mundial.

Una empresa que emplea el servicio y la atención al cliente como el medio para alcanzar sus objetivos, debe preparar a su personal para ofrecer un servicio de altísima calidad, renovándose constantemente en busca de la excelencia, logrando la empatía y compromiso del empleado con el cliente, como consecuencia de un plan de reconocimiento, capacitación, desarrollo personal y profesional, a la par de las crecientes exigencias de cada usuario y la constante competencia empresarial por lograr el reconocimiento.

El servicio especial al usuario, solo es ofrecido por aquellas personas que se sienten especiales, llenas de motivación. Ofrecer un entorno de trabajo inspirador, en un ambiente de aprendizaje confortable, donde se reconozcan las virtudes de quien presta un servicio, se brindan oportunidades para crecer a nivel laboral, y se valora el trabajo efectuado, exalta el nombre de la empresa y permite, que el factor humano de la organización, asuma el rol de asistencia de forma placentera, destinado a la satisfacción de cada cliente.

Un estudio realizado por Bozz Allem & Hamilton, en el año 2000, expresa que, el mal servicio, es responsable del 40% de las pérdidas en la utilidad y de los clientes, por esta razón, el servicio al cliente es tema de estudio imprescindible desde hace muchos años.

Por otra parte, el Marketing Science Institute, de Cambridge, Massachusetts, preguntó a los clientes de una amplia variedad de empresas de servicios, cuáles eran los factores que consideraban más importantes para lograr altos niveles de satisfacción con un producto o servicio, concluyendo que, las características más importantes de la calidad del servicio son:

Fiabilidad: Los clientes desean un servicio fiable, preciso y consistente. Se detectó que una de las mayores causas de descontento en los usuarios, son las promesas no cumplidas.

Capacidad de Respuesta: Las empresas deberían brindar una ayuda oportuna y ofrecer un servicio rápido. Una corporación que ofrece excelencia en servicio, con rapidez, cumple con las expectativas y la satisfacción de los clientes.

Seguridad: Los clientes esperan que los empleados conozcan todos los detalles de su trabajo, se muestren cordiales y proyecten confianza en el servicio que ofrecen; la capacitación al personal es la clave para lograr esta conducta en el empleado.

Elementos Tangibles aptos: Las instalaciones físicas y los equipos deben ser atractivos y limpios, y los empleados deben tener una buena presentación y excelente trato.

Empatía: Los clientes desean que las empresas les ofrezcan un servicio personalizado y que los escuchen. Las personas desean ser tratadas individual y particularmente. Empatía, es ponerse en el lugar del otro.

Además, la empresa, como un centro comprometido a ofrecer un servicio de calidad, debe comprender que, para mantener un nivel de servicio que sea capaz de retener a los clientes, debe utilizar un mecanismo que garantice la eficiencia y cordialidad. Por lo tanto, es primordial hacer una **evaluación periódica de los sistemas de apoyo al servicio**, con criterio fijo, adaptados a las nuevas realidades, al movimiento del mercado, a la evolución diaria de la dinámica de cualquier negocio, adecuando al personal que lo ofrece, a ser naturalmente cortés y empático.

Considerando que la cortesía, la actitud amistosa y el intercambio positivo con los clientes, son señales claras y tradicionales de calidad de servicio, y son siempre bien recibidos, **las empresas que tienen como política un**

buen servicio a los clientes, incluyen dichas señales, arrollando a la competencia, creando confusión entre sus competidores, que muestran un servicio deficiente. Por esta razón, los sistemas de reclutamiento y selección deben incorporar a personas entusiastas y proactivas a la hora de implementar los criterios y prácticas de servicio al cliente.

Son diversos los resultados que, una estrategia basada en el servicio, aporta a la empresa:

- Los clientes se hacen más leales, lo que incrementa la participación de mercado.
- Se incrementan las ventas y la utilidad.
- Se realizan ventas con más frecuencia.
- Se generan más clientes nuevos.
- Ahorro en presupuestos de publicidad, marketing y promociones de ventas.
- Menos quejas en un entorno receptivo a las quejas. Más quejas atendidas y resueltas.
- Mayor fidelidad de los clientes.
- Reputación positiva para la empresa.
- Diferenciación.

- Incremento de la productividad.
- Mejora de las relaciones entre empleados.
- Menor rotación del personal.

Ahora, evalúa a través del **programa de auto-instrucción**, atendiendo preguntas de reflexión y razonamiento, si tu empresa u organización lleva a cabo un servicio al cliente óptimo y, posteriormente, toma en consideración las orientaciones centradas en liderazgo gerencial, y lleva tu experiencia a la práctica.

Programa de Auto – Instrucción

(Preguntas para la reflexión y el razonamiento)

1) Le visita un cliente frecuente, considerado adulto mayor, quien trae consigo un producto que asegura, que adquirió en la empresa para la cual usted labora, y desea efectuar un cambio porque presenta un inconveniente. Sin embargo, usted se da cuenta que no está en lo cierto, se lo comunica; pero el cliente, de forma irrefutable, afirma que sí. De acuerdo a una estrategia fundamentada en el servicio, **¿Cómo procedería usted?**

2) Después de resuelta la situación, según su criterio, pregunte a su jefe, **¿Cómo lo haría él?** Registre la respuesta.

Acciones en manos del liderazgo gerencial, para posicionar el servicio como la estrategia para alcanzar el éxito.

Los clientes son el motor de cualquier empresa y el personal que labora en ella, su corazón, de allí que cada empresario esté comprometido con su papel de guía y promotor de un excelente servicio a cada usuario, forjando un personal competente para desempeñar ese papel en todo momento, que integre, en su comportamiento y funciones, amabilidad, disponibilidad para servir, respeto, empatía y esté en continua formación para expresar tales virtudes.

Un buen servicio al cliente debe considerar siempre sus necesidades, y ser capaz de satisfacerlas u ofrecer soluciones anticipadas. Administrar los intereses de cada usuario, le hace sentir que se preocupan por él y sus opiniones.

Ante la pregunta reflexiva de cómo reaccionarías ante la inconformidad de un cliente, estoy segura que aplicarías el principio de **"El cliente siempre tiene la razón",** y es totalmente válido, pues independientemente de que así sea, su información debe ser valiosa para mejorar en todo momento los mecanismos de servicios brindados por la empresa, transformando positivamente cada observación. Pero, ¿Cómo lograr atender todas las inquietudes o solicitudes si no son planteadas personalmente, o mejor aún, cómo reconocer los servicios o productos que llaman su atención, o los que más consume, de una forma global y rápida?

Tomando en cuenta que vivimos en una era tecnológica, es posible registrar expectativas, deseos, sugerencias y reclamos por parte de los clientes de forma eficaz, empleando diversos medios informáticos, dejando atrás los recordatorios en pequeñas notas adhesivas, en planillas, en mensajes resguardados en un buzón de sugerencias olvidado, para dar paso a plataformas avanzadas de gestión, que reflejan información actualizada sobre los clientes y sus interacciones con la empresa.

Una de las plataformas más amigables a la hora de actualizar y organizar toda la información recabada de los clientes, son los sistemas de **Gestión de la Relación con el Cliente**, aplicables a cualquier empresa, sea pequeña o grande, que te permitirá codificar y administrar eficazmente tanto los procesos llevados a cabo por el usuario, por ejemplo, la cantidad de veces que ha empleado un determinado servicio, como sus emociones y opiniones, sea sugerencias, su nivel de satisfacción, o en su defecto, lo que le aqueja del servicio prestado.

Esta información será útil al momento de analizar sus interacciones y, como empresa, anticipar necesidades y deseos, optimizar la rentabilidad, personalizar campañas de captación de nuevos clientes, aumentar las ventas y conseguir la lealtad para los productos o servicios otorgados.

Dichos sistemas, están **centrados en el cliente**, y se nutren de nuevas estrategias y metodologías, permitiendo que, como empresario o miembro de una organización, interactúes con los usuarios de forma organizada, mediante cuentas y contactos de manera accesible, en tiempo real, acelerando y simplificando el proceso de ventas.

Como toda nueva herramienta, para alcanzar el éxito en este tipo de proyecto, la empresa debe redefinir su plan empresarial, adaptándose a la implantación y operación de los procedimientos tecnológicos y la consecuente capacitación del personal, de allí la importancia de entender cómo funcionan y, considerando que es recomendable al 100%, no solo por su sencillez, sino por sus amplias virtudes y funcionalidad, me permito ofrecer información relevante que será de gran ayuda para tu empresa y transformará tu visión corporativa:

- En principio, el uso de una herramienta tecnológica logra un servicio **personalizado,** logrando conocer la experiencia de cada cliente, adaptando la empresa a sus necesidades.

- Es **funcional**, facilitando su acceso desde cualquier lugar, de forma rápida, permitiendo laborar con mayor fluidez y facilitando la comunicación interna de la empresa. Al registrar de forma integral todos los datos, movimientos y actividades del cliente, cualquiera de los empleados puede atender con rapidez y eficacia su requerimiento, solamente haciendo una consulta en el sistema.

- **Permite almacenar información** de interés de cada cliente actual, o aquel que puede considerarse potencial, datos valiosos sobre información personal como nombre, dirección, teléfono, aunado a sus actividades y puntos de contacto con la empresa, su historial y preferencias de compras, visitas, llamadas telefónicas, e-mails, son solo algunas de las interacciones disponibles en la plataforma.

- Puedes escoger entre diversos modelos existentes, dependiendo de tu presupuesto y exigencias. Uno de ellos, es el **CRM**, que, a su vez, consta de un modelo tradicional, conocido como **CRM On-Premise**, que actúa como un sistema de estrategia y apoyo local, siendo necesario instalar el software en el servidor o en un computador de la empresa que sea manejado como tal; y un modelo actualizado, o **CRM Cloud**, que involucra todas las redes sociales, Emails, páginas web, las cuales deben estar alineadas con la estrategia corporativa y en consonancia con las necesidades prácticas.

- Puedes acceder desde cualquier lugar, momento y dispositivo móvil.

Una vez escojas la herramienta tecnológica más adecuada para tu empresa, y se efectúe la capacitación del factor humano, los resultados dependerán del uso correcto del mismo, sin olvidar que, el fin primordial, es **optimizar las relaciones con los clientes,** generar nuevas oportunidades para mejorar el servicio y la atención al cliente, identificar los clientes potenciales, reducir costos y, substancialmente, incrementar las ventas.

Además, existen otras herramientas con las que puedes optar por **diseñar tu propio software de atención y servicio**, atendiendo todos los detalles, no solo de organización de información, sino la forma de mostrar los productos, ofertas, publicar promociones llamativas, crear ventanas activas para hacer comentarios, atender dudas, o ir más allá, dando vida a un personaje de atención virtual, que identifique a la empresa y atienda las solicitudes de forma amigable y divertida, con uso de emoticones y oraciones simples, y no te olvides, de enlazar con las redes sociales de la empresa, ampliando los canales de comunicación con los clientes y favoreciendo su lealtad.

Te invito a que formes parte de la innovación, es la **era del cliente** y como empresario debes estar en capacidad de crecer y aumentar tus conocimientos en tecnologías corporativas.

Si deseas asesoría del tema, ***busca mi información de contacto al final del libro,*** *y te atenderé con gusto.*

ESTRATEGIA

"Un estudio realizado por
Buzz Allem & Hamilton,
señaló que el mal servicio
es responsable del 40%
de las pérdidas en las
empresas y negocios".

Estrategia

Los lineamientos que cada empresa administra de forma general, hacia el cliente, en función de la orientación y atención, representan la estrategia. En ese sentido, puede establecerse que, **la calidad del servicio, es la mejor estrategia empresarial**, y también una ventaja competitiva a largo plazo, para lograr el éxito y aumentar la utilidad.

De hecho, con mucha frecuencia, es la única ventaja competitiva que puede tener una organización que opera en una economía de servicios, como por ejemplo, una empresa que suministra el mismo tipo de asistencia que otras organizaciones. ¿Qué hace que tu producto o servicio destaque de los ofrecidos por otras empresas que manejan el mismo rubro?

Sin lugar a dudas, **el servicio y atención que brindas al cliente, marcará la diferencia.** Es posible asegurar que, cuando la atención decae, los clientes disminuyen. De la misma forma, un buen servicio y un programa de información veraz, puede mantener la lealtad y la confianza de los clientes hacia una empresa, incluso la intención de volver una y otra vez, aun cuando hubieran experimentado algún tipo de inconformidad.

En ese sentido, es imprescindible que cada empresa, dirija el 100% de sus esfuerzos, a ofrecer el servicio que los usuarios esperan, y responder a sus expectativas, superarlas en todo caso, de acuerdo con un estándar de atención "cero defectos", y así garantizar una asistencia de calidad cinco estrellas, basado en **el servicio como estrategia para el éxito**.

En consecuencia, **CALIDAD DE SERVICIO** es la orientación que deben seguir los recursos y empleados de cualquier empresa para lograr la satisfacción total de los clientes (esto incluye la formación de todas las personas que trabajan en la empresa así como las herramientas administrativas o tecnológicas disponibles).

Si los empleados no se entregan al servicio con convicción, inteligencia, entusiasmo y buen juicio, el plan de negocios y estructura organizativa de la empresa está incompleto. Transmitir, como dueño o empresario, la sensación de que el personal y las funciones que ejecutan son esenciales para alcanzar los objetivos propuestos, establece un ambiente armónico y brinda fortaleza a la entidad.

Al estar centrada la estrategia en **otorgar un servicio insuperable a cada cliente**, los empleados deben proponerse:

- Dar seguimiento a los clientes y mantenerlos informados, a través de las redes, dispositivos móviles y cualquier otro recurso digital de interés.
- Retener a los clientes.
- Atraer nuevos usuarios a la empresa.

Expresado en términos de actitudes, el servicio cinco estrellas, se manifiesta cuando el empleado es:

- Preocupado y considerado con y por los clientes.

- Cortés.
- Íntegro.
- Accesible.
- Amistoso.
- Fiable.
- Dispuesto a colaborar.
- Eficiente.
- Atento para atender los conocimientos del negocio.
- Empático y profesional.

Toda empresa que desee llegar a la cima, debe concentrar sus esfuerzos en **el servicio, como la ESTRATEGIA más importante** para mantener e incrementar la fidelidad de los clientes.

Teniendo en cuenta lo expuesto anteriormente, puede decirse que, el éxito empresarial, dependerá de un programa, que equilibre la eficiencia en el servicio brindado por parte del personal calificado con la calidad de sus productos, logrando ventaja competitiva al rentabilizar los activos existentes y maximizar los ingresos y beneficios corporativos. Diversas herramientas tecnológicas, están disponibles hoy día para alcanzar tal fin, permitiendo crear estrategias o mejorar las existentes.

Conjuntamente, las empresas no pueden depender de un flujo continuo de nuevos clientes, sino consolidar una base de fidelidad de sus usuarios. **Siendo el beneficio más importante de una estrategia basada en el servicio, la elevación de los niveles de lealtad de los usuarios**, es preponderante atender constantemente que se desarrolle de la mejor manera.

Después de todo, la competencia en productos, promueve compradores, pero no necesariamente clientes. Cualquier empresa crea bienes y servicios novedosos, pero la lealtad del usuario, estará relacionada con el trato dado, atenderle de forma personalizada, individualizada, preocupándose sinceramente por sus intereses, permitirá aceptar cada producto con entusiasmo y, lo más importante, su lealtad, con ganas de volver una y otra vez, como lo dice Tom Peters en su libro: Del Caos a la Excelencia.

Existen **tres hechos claves respecto a la lealtad de los clientes**: La lealtad es circunstancial, frágil y transitoria. Su naturaleza transitoria es la mejor y más importante razón por la que toda empresa debe convertir el servicio en una estrategia empresarial, debidamente establecida y continuamente reforzada por medio de una labor permanente de formación y seguimiento al personal, con el apoyo de un alto nivel de compromiso por parte de la gerencia general de la organización.

Toda empresa que anhele triunfar, debe enseñar a sus empleados que, cuando atiende el requerimiento de un cliente o se le exonera algún servicio, esta acción se traduce en recompensa para la corporación, que será mucho mayor que el costo de la colaboración otorgada. La ganancia, se verá reflejada en la lealtad que mostrará a futuro, atribuible a la respuesta positiva generada por la atención expuesta.

Para ofrecer un **BUEN SERVICIO AL CLIENTE**, es necesario:

- Creer en la empresa.

- Mostrarse atento y receptivo, dispuesto a solucionar.
- Tratar a los clientes siempre con cortesía.

Aunado a ello, el punto de partida para iniciar el **PLAN** estratégico de servicio al cliente exige:

- Incrementar el nivel de atención que dedica la gerencia de ventas a la satisfacción de los usuarios.
- Mejorar la calidad de servicio al cliente.
- Formar al empleado constantemente para prestar la asistencia deseada.
- Obedecer la regla de oro: Atiende a los demás como te gustaría que te atiendan a ti.
- Cuidar de los clientes. Las acciones hablan más alto que las palabras.
- Reconocer las herramientas tecnológicas existentes que permiten aplicar estrategias según los requerimientos de cada empresa, y encaminar esfuerzos destinados a su aplicación.

Las preguntas expuestas mediante el **programa de auto-instrucción**, te permitirán determinar, si las estrategias para el servicio, empleadas en la empresa, son las más adecuadas y, consecutivamente, se muestran algunas acciones, de la mano del liderazgo gerencial, que te servirán de guía para afrontar los retos estratégicos.

Programa de Auto – Instrucción

(Preguntas para la reflexión y el razonamiento)

1) Si el plan de negocios de la empresa, tiene como objetivo **incrementar la utilidad en un 30% este año**, ¿Cuáles cree usted que deberían ser las acciones a tomarse de inmediato, que colaboren efectivamente con este propósito?

2) Elabore un **plan de acción** desde su área o departamento laboral, o en función del rol que usted desempeña en la empresa, que pueda contribuir con el plan de negocios, estableciendo su objetivo general, objetivos específicos, estrategias y recursos.

Acciones en manos del liderazgo gerencial para posicionar el servicio como la estrategia para alcanzar el éxito.

Si hablamos del **SERVICIO** como una estrategia para alcanzar el éxito, muchos pueden pensar que esto no tiene fundamento, sin embargo, estudios, encuestas, estadísticas, aseguran que el servicio al cliente garantiza la fidelidad, que es sinónimo de utilidad, por lo que entonces, **una estrategia fundamentada en el servicio, cobra valor.**

Tener una estrategia asentada en la calidad del servicio y atención al cliente, no impide cuidar y mantener siempre el control de las finanzas, entendiendo que, se requiere más inversión en la capacitación del personal, que en la publicidad.

Para iniciar una renovación en tu empresa, fundamentada en **el servicio como una estrategia para alcanzar el éxito,** es preciso elaborar un plan de negocios, definiendo muy bien la dirección que lleva nuestra empresa y, para eso, es necesario contar con una estrategia que defina, paso a paso, cómo vamos a alcanzar nuestro objetivo, estableciendo metas, potenciando el equipo, fortaleciendo el liderazgo.

Desarrollar una estrategia, traduce la visión en acciones, a través de un proceso de planeación y análisis regulares, determinando cómo se van a utilizar los recursos, para obtener y mantener una ventaja competitiva y producir beneficios para todos los grupos de interés.

El plan de negocio recopila cada estrategia, es un manual de instrucción, una guía de actuación que nos permitirá centrar toda nuestra atención en los puntos fuertes y conocer nuestras debilidades frente a la competencia.

Para lograr el éxito empresarial, es necesario llevar un registro del total de operaciones compraventa, inventarios, contabilidad, entre otras, que permitan, cada cierto tiempo, efectuar un análisis detallado, y conocer si el negocio va por buen camino o si se necesita hacer ajustes en alguna área, aunque esto pueda resultar tedioso, hoy en día podemos auxiliarnos con la tecnología, adquiriendo un sistema administrativo que nos registre toda esta información.

Si queremos mantener nuestra empresa con altos índices de rentabilidad y prestigio, debemos mantenerla renovada, si eres un buen observador, podrás aprender de tu competencia, aplicar lo que te funciona y desechar lo anticuado e inoperativo. Observemos también nuestros éxitos y fracasos, veamos siempre cualquier experiencia negativa como un aprendizaje y un resurgimiento.

La empresa debe también conocer las propiedades y potencialidades de sus productos y ofrecerlos con sus ventajas. **Conocer bien tus productos y no engañar al cliente con falsas expectativas**, te permitirá crear la propuesta comercial más certera, apoyándote en los reportes de venta, y potenciar el crecimiento de tu negocio.

Siempre es positivo elegir una herramienta que se ajuste a tus necesidades económicas y los objetivos implantados, puedes hacer pruebas, descargando un sistema administrativo gratuito e indagar si es la solución ideal para tu negocio, o ampliar tu inversión y optar por implantar un software avanzado.

Esto, te permitirá llevar un control sobre la información de tus clientes, qué acciones se han realizado con él y cuándo, cómo se ha contactado, qué elementos están impidiendo que una persona se convierta en un potencial cliente y qué tipo de persona estás atrayendo a tu empresa, además de visualizar en qué área o nivel de tu estrategia estás fallando y así crear campañas atractivas.

En pocas palabras, con una herramienta tecnológica administrativa, sabrás en qué estrategias invertir y cuáles ya no funcionan para tu empresa, brindando siempre exclusividad, calidad en el servicio, atención y comunicación regular con el cliente.

Debes estar consciente que **el mundo de los negocios está en permanente cambio,** lo que hoy es tendencia, mañana puede estar obsoleto, el éxito está en mantener la mente abierta al cambio, sin resistencia, y estar en constante evolución.

Si el secreto de una estrategia de gestión beneficiosa, es la **fidelización de clientes**, como empresario, líder empresarial o dueño de negocio, debes enfocar tu atención en emplear todas las herramientas que te permitan alcanzar esta meta, y la mejor manera de materializarla, es hacerlo de la mano de la tecnología, ampliando el horizonte del plan empresarial.

Ahora bien, si existe la posibilidad de actualizar la información del usuario en tiempo real y sacar el mayor provecho posible, **¿Cómo conseguirías la fidelidad del cliente aplicando como estrategia un sistema o software administrativo?**

Al permitir una atención individualizada, aseguras un servicio óptimo, ajustando los servicios y productos ofertados a las necesidades de cada cliente, que se convierte en un usuario fiel, además, podrás ganar nuevos clientes, mayores ganancias y utilidades.

Nuestro instituto ISFI, dispone de herramientas online que pueden apoyarte en alguna necesidad específica para el cambio, y una serie de recomendaciones a seguir si decides optar por este medio:

- Evalúa los cambios que vas a efectuar en función de las actividades que se realizan en la empresa, servicios y productos ofrecidos, así como los factores de riesgo existentes.

- No olvides que lo más importante es ir a la par de lo que tu empresa necesita.
- Establece responsabilidades.
- Respalda en todo momento la implantación del sistema.
- Crea un plan de información para los empleados, relacionado con el uso y las ventajas de un sistema administrativo.
- Prioriza la capacitación del personal.
- Monitorea tus objetivos.
- Mantén un constante aprendizaje de las tecnologías vigentes.

Ahora que ya conoces lo que una buena estrategia puede hacer por tu empresa, y que la tecnología llegó para ayudarte, dale una oportunidad al cambio y sácale el mayor provecho a cada herramienta, logrando que la información recabada sirva como base para mejorar al 100% las oportunidades de ventas, hacer más efectivas tus campañas e incrementar tu inversión donde sea requerido.

Si decides hacer el cambio y requieres nuestra colaboración para la adecuación del personal ante la nueva estrategia, no dudes en solicitar asesoría y apoyo para lograr la conformación de efectivos equipos de trabajo con una filosofía enfocada a la satisfacción de las necesidades del cliente.

Si deseas asesoría del tema, busca ***mi información de contacto al final del libro,*** *y te atenderé con gusto.*

PERSONAL

"Los profesionales de
Servicio al Cliente se hacen,
no nacen, aunque sean simpáticos
y deseen suministrar
un buen servicio".

Personal

El gran secreto para el éxito de toda empresa que desea rentabilidad con una estrategia de servicio, es encontrar personas que manifiesten una tendencia potencial hacia la colaboración, y después, formarlas para desarrollar sus capacidades. Poseer una convicción interna, propia, sobre la excelencia en el servicio, transmitírsela al resto de los empleados, y en consecuencia, contratar –sobretodo- a personas con una clara actitud servicial, realza el valor de la empresa.

Los profesionales del servicio al cliente se hacen, no nacen, aunque sean simpáticos y deseen suministrar una buena atención, es importante que se formen para desarrollar tal función. El jefe que cree en el buen servicio, como mecanismo para mejorar su empresa cada día, lo demuestra enérgicamente en la forma como trata a los empleados y a sus colegas, quienes podrán experimentar y disfrutar una agradable sensación al ofrecer un servicio óptimo, porque saben que están colaborando con su propio futuro.

La filosofía de Disney World, que tomamos como uno de los mejores ejemplos en materia de servicio y personal, es la siguiente: "Nosotros no podemos enseñar a una persona a ser cortés, pero podemos contratar personas que poseen esa cualidad. Después de contratar personas que sean corteses, entrenarlos para que sepan expresarlo".

Cuando el índice de insatisfacción de los clientes alcanza altos niveles, en algunas ocasiones, ven a los empleados como adversarios, y abusan de ellos, convirtiéndose en clientes difíciles. El trabajador, cuya personalidad le orienta a servir a las demás personas, siente satisfacción cuando se interrelaciona con los clientes, y muestra una mayor tendencia a disfrutar de su trabajo. Si logramos desarrollar esta cualidad en cada uno de los miembros de la empresa, el índice de rotación de personal será bajo. Cuando aprenden a disfrutar de su trabajo y el índice de rotación baja, se habrá alcanzado una meta importante.

Es ineludible que las organizaciones deben seleccionar un recurso humano que exprese un trato cordial, respetuoso, tolerante y amable con los clientes, centrando la eficiencia de la política de la empresa, en un trato con igualdad de condiciones, que se vea reflejado hacia los demás. Un trato individual y justo es algo que motiva a los trabajadores.

Ninguna empresa puede sustentar su éxito en clientes que los visiten y compren una sola vez, a menos que su organización se dedique a vender edificios. En consecuencia, la LEALTAD DE LOS CLIENTES es fundamental, y el mejor medio para asegurarla o restablecerla, es el servicio, garantía del éxito de la empresa.

Los programas de formación, deben transmitir suficientes conocimientos sobre la estrategia de servicio al cliente. De la misma forma, el dinero que se invierte en publicidad, puede considerarse perdido si, al momento de consultar el cliente alguna inquietud o atraído por alguna de las ofertas y servicios, existe una pésima atención, se les responde con actitudes apáticas, insolentes, inapropiadas, no empáticas o contrarias a su requerimiento, siendo reflejo de la falta de capacitación, de compromiso. Por lo tanto, depende de los empleados, que el cliente se decida o no a solicitar el producto o servicio.

De allí que, en toda empresa, sea trascendental invertir en planes de capacitación personal, con el objeto de reforzar habilidades y conocimientos en el área de servicio a la clientela, tanto o más que en los programas y planes de publicidad. Capacitar al personal, asumiendo, que cuando un empleado sabe lo que tiene que hacer, se muestra más dispuesto a hacerlo, alcanzando un extra, que es hacer sentir a quien la recibe como alguien especial.

Definitivamente, la formación, hace que los empleados se sientan importantes, apreciados, proyectando lo mismo a sus clientes. Infundir energías positivas, haciéndolos partícipes en todo momento, llevará a la empresa a nuevas cuotas de éxito, cargadas de beneficios, reconocimiento, crecimiento personal y profesional, expansión, ascenso…De igual manera, los clientes desean ese interés en ellos, recibir algo más de lo esperado por parte de la organización; ofrecer sorpresas, gratificaciones, premios, descuentos y un etcétera infinito, elevará la calidad de servicio.

Un buen programa de enseñanza en el área de atención al cliente, debe atender todas las normas y procedimientos que garanticen la satisfacción total del mismo, incluyendo:

- Limpieza.
- Sinceridad.
- Integridad.
- Honestidad.
- Confianza.
- Un entorno placentero a la vista.
- Un buen producto.
- Un excelente servicio.

El bienestar es un derecho que todo cliente posee. En una empresa exitosa, se procura que, tanto usuarios como empleados disfruten su estancia a plenitud. Por eso, en toda empresa, el servicio al cliente, es virtualmente concebido por los altos niveles de dirección, como algo de suma importancia, siendo esencial afianzar estrategias, de la mano de un programa de capacitación personal que incluya actividades de formación constante, innovadoras, centrado en el entusiasmo, como base para la transmisión de los conocimientos, ajustados a la realidad del momento.

Es momento de reflexionar e indagar, si estás haciendo lo correcto como dueño, empleado o parte esencial de la empresa, y de no ser así, atender las recomendaciones centradas en liderazgo empresarial, para comprender la importancia de la experiencia del cliente desde la estrategia.

Programa de Auto – Instrucción

(Preguntas para la reflexión y el razonamiento)

1) De acuerdo al plan de negocios de este año, se requiere ingresar nuevo personal. Elabore el **perfil de este personal.** Establezca, entre comillas y negrillas, los aspectos más importantes en esta selección, que se correspondan con una estrategia de servicio y atención al cliente.

2) Al diseñar el **plan de capacitación para el personal** a ingresar, ¿Qué aspectos le sugeriría al departamento de Recursos Humanos incluir como indispensables en el contenido del curso?

Acciones en manos del liderazgo gerencial para posicionar el servicio como la estrategia para alcanzar el éxito.

Un estudio realizado por Harvard Business Review, ha determinado que una de las claves para alcanzar el éxito de una compañía es la capacidad de colaboración entre los equipos de trabajo.

La misma investigación mostró, que en los últimos 20 años, el trabajo conjunto entre líderes de empresas y sus empleados ha aumentado un 50%, creando un plan de negocios comprometidos con la visión, misión y los objetivos estratégicos, bajo la filosofía de enfoque total a la satisfacción de las necesidades el cliente, logrando la lealtad y mayor utilidad.

Si te decides por una estrategia, basada en el servicio en tu empresa y brindar servicios de calidad al cliente, fomentar el entendimiento y buenas prácticas dentro del equipo es esencial. Todo el personal estará en la línea de frente interactuando con el usuario, y de sus habilidades de comunicación dependerá el éxito de la estrategia.

Una empresa donde la tecnología ha transformado el servicio al cliente, y colocado al **usuario en el centro de la estrategia**, debe revisar las habilidades con las que su personal cuenta para llevar las ventas a su máximo nivel, así como los planes de capacitación, perfeccionamiento y actualización disponibles, basados en la importancia de la elaboración del perfil del personal, caracterizado por la cortesía y tendencia a servir.

Capacitar adecuadamente al personal, no solo logra un mejor margen de beneficio para la empresa, sino también ayuda en la retención de empleados, quienes se sienten a gusto con su desempeño, por lo que, cada vez más compañías, entienden la importancia de brindar una formación apropiada.

De acuerdo a mi experiencia e investigación, existen ciertas habilidades, que es preciso cultivar en el personal, así como aptitudes que un agente de atención al cliente, debe poseer.

Comunicación asertiva, organización, trabajo en equipo, capacidad de escuchar, empatía, capacidad de respuesta, y un etcétera infinito de expectativas que satisfagan los requerimientos del cliente, son algunas de las destrezas requeridas al momento de brindar un servicio óptimo.

- Cuando hablamos de **COMUNICACIÓN** y ser hábiles en la interacción con personas, no se trata solo de hablar, sino de escuchar. La escucha activa es una de las principales habilidades de atención al cliente que debes fomentar en tus agentes, ponerse en el lugar del usuario y entender sus necesidades como si fueran propias.

- La **EMPATÍA**, está también asociada con esta destreza, y consiste en comprender desde un punto de vista humano, la importancia de las "quejas y reclamos" del cliente.

- La **ORGANIZACIÓN** o capacidad natural para realizar un trabajo ordenado y metódico es fundamental.

Teniendo en cuenta las solicitudes que las empresas reciben hoy en día, se hace necesario que estas habilidades se complementen con **SERVICIO**, realizando un seguimiento que permita verificar, si se cumple con el perfil deseado, logrando satisfacer las expectativas del cliente.

Gracias al uso de sistemas tecnológicos, las oportunidades de desarrollo y crecimiento personal, por medio de capacitación, están a la par de las exigencias actuales. La implementación de dichas herramientas, no consiste únicamente en la instalación de un software, también considera el factor humano como un recurso clave para alcanzar los objetivos empresariales, generando conciencia sobre la importancia del trabajo en equipo y la integración, como competencia para alcanzar el éxito en las ventas.

Para el logro de esta propuesta, es necesaria una actualización y capacitación del personal, así como entrenamiento constante, para mantener la eficiencia y mejorar el servicio en todo momento, de igual forma, deben crearse planes de colaboración, que permitan al personal, conectarse eficientemente con sus socios internos y externos y dar una respuesta más rápida a las demandas, cada día más exigentes.

Es imprescindible que la empresa tenga claro el perfil de cada miembro del personal, atendiendo:

> **DISPONIBILIDAD**. Debe ser una persona orientada al servicio y tener voluntad para ayudar a resolver problemas. Esto no siempre es fácil, y requiere, como indica la filosofía de Disney World, "contratar personas naturalmente amables y luego formarlas para que lo manifiesten".
>
> **CONOCIMIENTO**. Se deben conocer los pormenores de la empresa. Implica saber todo sobre los productos y servicios que se comercializan y también comprender la cultura, misión, visión y valores de la organización. Esto transmite confianza, seguridad a los clientes, y permite conseguir su lealtad a largo plazo.

PACIENCIA. La paciencia y la inteligencia emocional, ayudan a lidiar con personas cuyas necesidades, en algunas ocasiones, son difíciles de comprender, canalizando su requerimiento de la mejor forma posible, manteniendo la calma.

Conociendo el perfil de cada empleado, las necesidades reales de la empresa y los objetivos a alcanzar, es posible llevar a cabo un **programa de capacitación o actualización para el personal,** que permita el aprendizaje de las nuevas herramientas, considerando ciertas pautas, tales como:

- Establecer el objetivo de la capacitación.
- Incluir la información de forma sencilla, entendible para todo público, iniciando con lo más sencillo.
- Enfocar el programa hacia la práctica.
- Fomentar la colaboración, el entendimiento y la comunicación.
- Implementar capacitación continua.
- Política centrada en desarrollar habilidades destinada a un óptimo servicio y atención al cliente.

Recuerda enfatizar en **detalles simples que generan grandes dividendos**, logrando que tu personal:

- Sea generoso con los demás.
- Sea sincero. La confianza de nuestros clientes depende de nuestra sinceridad.
- Utilice respetuosamente el apellido del cliente.
- Sea amistoso.
- Sonría. Es la mejor forma de escuchar lo que el cliente dice.
- Escuche de forma activa.
- Proporcione un poco más, el cliente lo apreciará.
- Piense en el cliente y su bienestar.

Si deseas asesoría del tema, ***busca mi información de contacto al final del libro,*** *y te atenderé con gusto.*

CLIENTE

"Un sistema basado en el servicio, es el que está diseñado básicamente para que las cosas sean fáciles para los clientes, no para la empresa".

Cliente

Un sistema basado en el servicio, es el que está diseñado para facilitar los requerimientos de los clientes, por encima de los de la empresa. Es necesario hacerle saber a los empleados, en términos que no generen dudas, qué se espera de ellos, para que mantengan una actitud servicial y orientada a la calidad; esto es posible contratando personas para quienes la excelencia es un hábito, expresado como algo natural. Luego, se les educa en técnicas y prácticas adicionales, aumentando sus capacidades de prestar un buen servicio.

Para tener disponibilidad en el servicio en forma permanente, el personal existente deberá ser un número suficiente como para poder atender con rapidez y eficiencia. **Un cliente satisfecho es sinónimo de referencias positivas para la empresa** y, en consecuencia, polo de atracción para futuros clientes. La empresa que desea dar un excelente servicio debe:

- Prestar atención a los detalles que fomenten la calidad de vida de los empleados, como el tiempo que se toman para su hora de comida, dotación de uniformes acorde a las exigencias, entre otros.
- Enseñarles a tratar a los clientes con la verdad, un camino seguro, sencillo y eficaz, que se entiende como un verdadero detalle.
- Personalizar la atención brindada a cada cliente, de forma respetuosa, incluyendo, si es posible, su nombre o apellido.

De igual forma, es primordial, al momento de brindar un servicio o producto, **tener una actitud amigable, accesible,** y considerar seguir estas normas:

- Mire al cliente a los ojos.
- Sonría, salude al cliente.
- Si lo conoce, utilice siempre su apellido, o su nombre si el cliente así lo solicita.
- Responda u obtenga repuestas a sus preguntas con rapidez.
- Actué con diligencia.

- Hable y actué con entusiasmo.

Es verdaderamente sorprendente lo que estos simples consejos pueden lograr. Si por el contrario, el usuario siente que sus necesidades no están satisfechas, constituye una bomba de tiempo, que es preciso desactivar, con la **implementación de una estrategia acorde a sus necesidades**, de tal forma, que el cliente se sienta comprendido, atendido y a gusto.

Según el Harvard Business Review, los negocios pierden del 15% al 25% de sus clientes cada año. La empresa, que logre cortar a la mitad tal deserción, estará de hecho duplicando su crecimiento. Incluso, un modesto aumento de 5% en la tasa de retención de clientes, incrementaría las utilidades entre 25% y 100%. Por tal motivo, cada día, más compañías entienden la importancia de brindar una capacitación adecuada a sus empleados. Las empresas que invierten en la capacitación de los empleados disfrutan de un margen de beneficio superior en un 24% en comparación con las empresas que no lo hacen.

Las redes sociales amigables (Facebook, Instagram, página Web de la empresa, etcétera), así como las herramientas tecnológicas o programas administrativos, constituyen recursos útiles a la hora de plantear inquietudes, elogios, quejas, agradecimientos... por parte de los clientes. Así, la empresa, puede conocer los deseos y necesidades de sus usuarios, mediante un personal exclusivo, destinado a la implementación de estrategias, control y seguimiento, que exploren las potencialidades de los mismos para convertirse en clientes fieles.

Existen algunos métodos básicos para conocer las opiniones de los clientes y la situación del servicio:

- Sondeos entre empleados.
- Sondeos entre clientes, realizados de manera informal, telefónicamente y a través de sus redes sociales, con un formato diseñado para tal fin.
- Análisis de la información obtenida.
- Estudio de los volúmenes de ventas y captación de clientes.

En una investigación realizada por la Oficina de Asuntos del Consumidor del Gobierno de los Estados Unidos, titulada "Gestión de las Quejas de los Consumidores", se encontró que, las personas a las que se les da la oportunidad de expresar sus quejas, se muestran más dispuestas a hacer nuevamente negocios con la empresa, aunque les haya ofendido, incluso si el problema no fue resuelto satisfactoriamente, que aquellas que no se quejan. Dicho estudio demostró, que si las quejas se solucionan eficazmente, entre el 54 y 70% de los clientes que las plantean, vuelven a forjar negocios con la empresa. Y esas cifras llegan hasta un 95% si los clientes consideran que la queja se solucionó rápidamente, y fue atendido empáticamente.

La solución de las quejas representa, para una empresa, la **posibilidad de consolidar la lealtad de sus clientes**. Solucionando los reclamos, se obtiene el gran beneficio de la fidelidad de un usuario y las repercusiones positivas de esto. Es posible, que ocurra lo contrario, y la empresa se vea afectada, cuando otros se enteren de un hecho negativo por la comunicación boca a boca, por la viralidad de una eventualidad o de una experiencia desagradable.

Implementar una estrategia para prevenir las quejas, exige hacerlo bien desde la primera vez y todas las veces; prestando atención a las inquietudes y desavenencias, pero fundamentalmente dedicando la mayor parte de los esfuerzos en evitar las causas que las provocan.

Cada inversión empleada para solucionar la queja de un cliente, es una señal de que la empresa debe evolucionar hacia un servicio óptimo. Debemos detectar continuamente las fallas del sistema y de las personas involucradas, e informar al personal, con el evidente objetivo de discutirlas y resolverlas, aplicando los correctivos necesarios.

Usar una matriz alternativa para la gestión de quejas, significa, que el empleado que recibe un reclamo, tenga capacidad de resolución, independientemente de si es responsable o no, pues ante tal situación, deberá ser representante de la empresa, por lo tanto, debe exponer preocupación, escuchar de forma activa, mostrar empatía, y preguntarse cómo le gustaría ser tratado si estuviese en la misma situación. Nunca interrumpa o asuma que sabe cuál es la respuesta antes de que el cliente exprese su inconformidad. Y lo más importante, mantener la serenidad.

Además, debe asegurarse de comprender el problema y, si no está en sus manos, acudir a quien esté en capacidad de solucionarlo. En todo caso, al empleado le corresponde permanecer con el cliente hasta que la eventualidad sea resuelta, evitando culpar a un compañero de trabajo o departamento empresarial y controlando su lenguaje para que nunca sugiera que el cliente es el responsable.

El servicio al cliente bien prestado, produce un efecto multiplicador. El resultado es el sentimiento positivo hacia la empresa, que le brindó una atención personalizada, de calidad, lo cual crea, en el pensamiento del cliente, la motivación para recomendar a la misma, basado en su experiencia satisfactoria.

Cuando una empresa pretende construir una reputación de buen servicio, debe preocuparse por cultivar buenos comentarios, que van boca a boca entre los clientes. Una experiencia positiva es contada a un promedio de cinco personas. Una mala experiencia es contada a un promedio de nueve a diez personas, de acuerdo a las encuestas.

La invitación es entonces a salir del confort, a hacer más de lo requerido, llenar y sobrepasar las expectativas del cliente, actuar con compromiso y dedicación, siempre en la búsqueda de la excelencia. Si así lo hacen, el desempeño será evaluado por encima de lo mínimo. Si así lo piensas, bienvenido a esta filosofía **"El servicio como una estrategia para el éxito empresarial".**

Finalmente, toda empresa que busca establecer de forma permanente un alto nivel de calidad en su servicio, debe implementar sistemas de alarma tal que, cuando la asistencia entre en declive, suenen con estridencia, así como nuevas tecnologías, que complementen lo requerido y organicen de forma óptima la información, siendo eficientes a la hora de atender cualquier solicitud. Atreverse a actuar de forma eficiente es un gran agente motivador para todo el equipo de trabajo.

Razona las interrogantes del **programa de auto-gestión**, y enfoca tu atención en las orientaciones de liderazgo empresarial, que te facilitarán una idea del perfil de un empleado apto para posicionar el servicio como la estrategia para alcanzar el éxito.

Programa de Auto – Instrucción

(Preguntas para la reflexión y el razonamiento)

1) Si en el plan de negocios de este año, han incluído el **servicio al cliente como una estrategia para aumentar la utilidad de la empresa** en un 30%, ¿Qué acciones estima usted se deben implementar de inmediato para lograrlo?

2) Para usted, ¿Cuál sería el **plan de seguimiento y control** de un sistema de trabajo fundamentado en el servicio y la atención al cliente?

Acciones en manos del liderazgo gerencial para posicionar el servicio como la estrategia para alcanzar el éxito.

La administración de la relación con los clientes es parte de una estrategia de negocio que busca recopilar la mayor cantidad de información posible de ellos, conocer sus necesidades y así poder adelantar una oferta, mejorando la calidad en el servicio otorgado.

Se ha comprobado, que **mantener un cliente, es más económico para la empresa, que conquistar uno nuevo**. Si te ha pasado que, un usuario, atraído por algún recurso publicitario, efectuaba la adquisición de un producto o servicio brindado por tu organización, pero no volvías a verlo en el porvenir, posiblemente te hayas preguntado qué sucedió.

La publicidad de un producto o servicio es determinante para la conquista de un cliente, pero no para mantener su fidelidad. Al brindar una información generalizada, no se cubren las expectativas personales de cada usuario.

Por tal motivo, es necesario llegar más allá, para tener una diferenciación con nuestros competidores, con una atención no asociada al producto, sino al servicio y a la forma en la que los clientes nos perciben, adelantarnos a sus necesidades, sorprender, fidelizar, emocionar, cautivar, esa es la meta primordial.

Siendo imprescindible **conocer al cliente para llenar sus expectativas**, y establecer estrategias en función de ello, se hace necesario tener información ordenada y estructurada del mismo a la mano, que me permita acceder cuando lo desee, desde cualquier dispositivo y lugar. Si la información del usuario no está recogida en una única fuente de datos, gestionarla de manera eficaz implicará pérdida de tiempo y discrepancias.

Los sistemas administrativos, permiten almacenar toda esa información y relacionar también todas las interacciones y datos de clientes, independientemente del canal por el que se produzcan (página web, atención telefónica, correspondencia vía email, APPs, marketing, social media, chat…)

Estas herramientas tecnológicas representan una estrategia, que permite administrar, de forma íntegra, cuentas de clientes, oportunidades de negocio, y potenciales usuarios. Por tal motivo, se confirman las enormes ventajas que ofrece dicho sistema a la hora de enfatizar al **cliente como el centro de la empresa**.

Si el uso de sistemas tecnológicos, nos permite recabar datos, automatizar procesos, sincronizar y relacionar información, medir, analizar y, en definitiva, maximizar el valor aportado a cada uno de nuestros clientes en futuras interacciones, se convierte en una herramienta importante para fortalecer las operaciones de la empresa, en función de su rentabilidad y sostenibilidad en el tiempo.

En todo caso, estos sistemas constituyen una increíble posibilidad, que debes considerar al momento de mejorar la calidad en el servicio brindado, pues, una mayor satisfacción del cliente, será clave en la contribución del objetivo de fidelización y aumento de ingresos.

Tomando en consideración lo expuesto, y los beneficios que acarrea el uso de nuevas tecnologías, te recomiendo:

- Siempre, independientemente del sistema administrativo que selecciones, la prioridad será un servicio al cliente, cortés, empático y respetuoso, que el trato amable alcance a aquel que permanece detrás de un mostrador o una pantalla. Puedes consultar el apartado de estrategia.

- El servicio al cliente es una acción anterior y posterior a cualquier venta
- Dicha atención es sinónimo de la experiencia del usuario. Si te enfocas en brindar una asistencia de calidad, la experiencia del cliente será altamente satisfactoria.

- Define estrategias empresariales en función de la información disponible, para darle un uso eficiente.

- Emplea herramientas que permitan incrementar la satisfacción del cliente y aprender de su entorno para superar las expectativas.

- La orientación al cliente es cada vez más importante, ofrece aquello que necesita y en el momento que lo necesita, es ineludible otorgarle el mejor de los servicios.

Si deseas asesoría del tema, busca ***mi información de contacto al final del libro****, y te atenderé con gusto.*

UTILIDAD

*"El dinero invertido en
servicio al cliente es igual
a mas clientes retenidos
y mayor utilidad; y esto es
muy importante para el éxito
de cualquier empresa".*

Utilidad

En mercados cada vez más competitivos, la relación que logremos construir con los clientes existentes, así como con los potenciales, se está convirtiendo en una forma de diferenciación y principalmente, de fidelización. Esta relación puede llegar a ser uno de los activos más importantes de la empresa, y un ingrediente imprescindible para poder conseguirlo, es conocer lo mejor posible, a aquellos a los que prestamos nuestros servicios.

Los empresarios de todo el mundo, están aceptando cada vez más, que el **SERVICIO**, es el único camino para lograr la lealtad de los clientes y por ende, incrementar la utilidad de la empresa. Aplicar mecanismos que generen la sensación de cercanía real y de confianza absoluta para expresar sus opiniones, y otorgar un servicio que sea capaz de conquistar dicha familiaridad, es un **boleto seguro a la lealtad del usuario con nuestro negocio.**

Entonces, si se plantea mejorar la utilidad, lo ideal es instaurar una **estrategia basada en el servicio**, acoplar experiencias positivas, incrementar los negocios repetitivos, que originan más ventas por clientes, medir el grado de satisfacción, para aumentar la transacción promedio, y a su vez, la frecuencia de compra, y verificar la tasa de deserción de usuarios, a fin de emprender una búsqueda destinada a su recuperación.

El modelo de negocio desarrollado por investigadores de la Universidad de Harvard, L. Heskett y L. Schlesinger, demuestran que existe una relación directa entre las experiencias de servicio, la lealtad del cliente y el rendimiento financiero, que da como resultado mayores utilidades y crecimiento de la empresa.

Entonces**, el servicio es una ventaja competitiva imposible de copiar**, que promete grandes dividendos. Por ello, es necesario hacerle seguimiento, a través de encuestas, y capacitar con motivación a los empleados, diseñando un programa de entrenamiento que los forme apropiadamente para brindar un servicio óptimo.

Una de las más famosas ejecutivas de calidad a nivel mundial de American Express, señala: "La fórmula que yo aplico es, mejor gestión de quejas, es igual a más altos niveles de satisfacción de los clientes, lo que es igual a mayor lealtad, lo que es igual a más altos niveles de rentabilidad".

Podemos, por lo tanto, sustentar, que el dinero invertido en el servicio a la clientela es igual a más clientes complacidos y por ende, retenidos. De allí que, **retener a los clientes es importante para el éxito de cualquier empresa.** Se ha comprobado que, los usuarios, muestran una disposición cinco veces mayor a cambiar de proveedor, por problemas con el servicio, que por divergencias en los precios o en la calidad de los productos.

Si se desea alcanzar el éxito y utilidades más altas, es muy importante establecer normas y procedimientos que garanticen la satisfacción total del usuario, atendiendo las

LEYES EMPRESARIALES sobre el servicio al cliente, a saber:

- Trate a los clientes como socios a largo plazo. Hágalo escuchando lo que expresan sobre sus necesidades y deseos. Luego ayúdeles a obtener los productos y servicios que satisfacen sus requerimientos.
- No moleste o disguste a los usuarios.
- Vea la empresa desde el punto de vista de los clientes.
- Entregue más servicio del que prometió o del que espera el usuario. Practique el principio de dar algo más de lo esperado.
- Trate de hacerlo siempre mejor.

De la misma manera, establecer **una GUÍA de atención al cliente** para:

- Satisfacer las necesidades de los clientes.
- Cumplir todas las promesas y compromisos.
- Comunicarse asertivamente.

- Hacerlo siempre bien la primera vez y todas las veces.
- Tratar a los clientes como invitados.
- Brindar un servicio puntual, eficiente y fiable.
- Las necesidades de los usuarios varían; adaptar el servicio para satisfacerlas todas.
- Medir y dar seguimiento a los esfuerzos y estimular la retroalimentación.
- Las políticas y los procedimientos serán la guía, no las cadenas.
- Los slogans, las palabras bonitas y las listas de directrices no lograrán que la asistencia al cliente sea superior, el servicio y la atención sí.

Como el servicio incrementa la lealtad de los clientes, cuando ellos perciben que se ha incrementado el valor de un producto sin el correspondiente aumento en su precio, el monto y la frecuencia de las compras, también aumenta, así como la lealtad. Éste es un axioma del mundo empresarial. Como consecuencia, los servicios que responden a las necesidades de los consumidores, constituyen un **valor agregado al producto.**

Por todas estas razones, debe expresarse **interés total en el cliente**, actuar bajo una comunicación asertiva, practicar la escucha activa, indagar sobre las quejas que presenten y ofrecer siempre la mayor ayuda posible, evitando en todo momento la agresión, el irrespeto, la emisión de comentarios adversos o despectivos, y las actitudes falsas, carentes de sinceridad. Debemos aprender a elogiar de forma consciente y permanente, haciendo que el reconocimiento expresado, tanto para los clientes como entre compañeros de trabajo, sea genuino, específico y sincero.

Por otra parte, Robert Pastorini, expresa la importancia de **hacer ofertas y promesas que estemos seguros de cumplir**, informando a nuestros clientes sobre cualquier evento que pudiese afectar sus intereses, así como alertarlos sobre los problemas que podrían aquejar al servicio, sería muy significativo compartir economías y costos con ellos. Las empresas que se mueven en un entorno de servicio al cliente, deben hacer las cosas bien desde la primera vez, todas las veces, todo el tiempo.

En este juego, la conveniencia de la empresa es algo superfluo. Las organizaciones más progresistas en servicio al cliente, deben comprender que, si el plan empresarial establecido no lo considera prioridad, incluso si la empresa genera grandes beneficios, a la larga, tendrá pérdidas.

Debemos, por lo tanto, identificar y eliminar políticas inoperantes y desarrollar digitalmente procesos amigables para el entorno, contratar personas naturalmente agradables, que se adecúen a las exigencias, siempre dando lo mejor de sí, en un constante aprendizaje, con compromiso corporativo, eliminar los horarios bancarios y convertirnos en un verdadero **centro de servicio y apoyo al cliente**, aportando ideas y soluciones prácticas que conlleven a un modelo idóneo, adaptado a los constantes y cambiantes requerimientos que exige nuestra sociedad, en continua evolución, suscitando en todo momento la lealtad de los clientes y, en consecuencia, el aumento tangible de la utilidad.

Es momento de recapacitar e indagar si estás haciendo lo correcto para obtener las mayores utilidades, y, de no ser así, acoplar tus acciones con el liderazgo gerencial, para posicionar **el servicio como la estrategia para alcanzar el éxito.**

Programa de Auto – Instrucción

(Preguntas para la reflexión y el razonamiento)

1) Determine, en base a su experiencia personal, las **necesidades** más importantes de los clientes de su empresa o negocio.

2) Haga una lista de **acciones y tareas que debe implementar** su empresa o negocio para que, boca a boca, le califiquen como un servicio que atiende las necesidades de los clientes.

Acciones en manos del liderazgo gerencial para posicionar el servicio como la estrategia para alcanzar el éxito.

Mejorar la utilidad de la empresa, no es una casualidad, **es un trabajo gerencial**, con un plan de negocio destinado para este fin, que exige una nueva estructuración, ajustado a un manual de normas y procedimientos para crear y sostener una estrategia de servicio al cliente como parte de una nueva cultura de la organización.

Ya se ha dicho que la lealtad del cliente es sinónimo de ventas y, en consecuencia, **a mayores ventas, mayores ingresos y crecimiento en las utilidades para la compañía**. Como puedes notar, el aumento en las ventas es una consecuencia de haber trabajado fuertemente en el desarrollo de estrategias, tanto internas como externas, para alcanzar los objetivos corporativos, siendo determinante la actuación del recurso humano, para dar respuesta a las exigencias del cliente, así como una oferta real del producto o servicio ofrecido.

La utilidad es rendimiento, ganancia, pero sobre todo, servicio, como empresario, líder empresarial o dueño de empresa, debes enfocar la atención en clientes satisfechos y empleados capacitados para brindar un servicio excepcional.

Como **utilidad siempre va asociada al producto que se comercializa**, es primordial ofrecer calidad en el mismo, con una promoción verdadera, que se corresponda con la descripción que hacemos, evitando en todo momento, ofertas engañosas, que terminen por decepcionar al usuario y lo obligue a optar por otra oferta empresarial, por no corresponder con lo esperado. De allí la importancia de siempre hablar con la veracidad.

Si se cumple con los requerimientos del cliente en cuanto a calidad del producto, **el vector diferenciador será la excelencia en el servicio que se ofrezca**.

Al estar frente a una nueva clase de clientes, que evalúa su contacto total con la organización y no solamente el producto que recibe de la misma, es importante recalcar la necesidad de contar con empleados que tengan la actitud correcta, involucrada con los objetivos corporativos y prestos al servicio cordial, un capital humano que sea capaz de alcanzar, con su actitud atenta, la formación de una buena imagen del negocio, transmitida a las personas que les rodean, que conocerán por estas buenas referencias a la empresa. Por tal motivo, debes atender en todo momento la escogencia y formación de un personal que cumpla con estos requisitos.

Aunado a ello, recomiendo invertir en herramientas tecnológicas, que den soporte a los procesos llevados a cabo en la empresa. En esta era tecnológica, servicio es la palabra clave y, desde este momento, también lo es utilidad.

Esta nueva visión del servicio, útil al cliente, requiere de técnicas innovadoras de medición, que te permitirán evaluar el impacto de la satisfacción de los clientes, la lealtad y la productividad en el valor de los productos y servicios ofrecidos, valorando el impacto en la rentabilidad, la utilidad y el crecimiento, gestionando lo inesperado y teniendo las respuestas necesarias para crear una ventaja competitiva integrada, transformando así la forma de proporcionar servicio.

Innovar, atender la captación de nuevo personal, refrescar, actualizar los programas de capacitación y generar ofertas reales, son el **complemento indispensable de una perspicaz orientación al servicio**, para que nunca olviden tu empresa y siempre la consideren una de sus principales alternativas de compra.

Utilidad, generalmente también está asociada con finanzas, y este ámbito financiero, es un tema que debes siempre abordar con cautela. Las inversiones deben basarse, esencialmente, en las utilidades posibles de la inversión. Para tomar decisiones al respecto, será necesario hacer un análisis detallado, que incluya una evaluación técnica y financiera de las operaciones propuestas.

En cualquier caso, es imprescindible, contar con la asesoría de personal especializado, que posea la capacidad de orientarnos acerca de las mejores decisiones de inversión y financiamiento para la empresa, evaluando los riesgos existentes y evitando así pérdidas financieras o deudas.

Si las utilidades que ha generado el servicio y una buena gestión en tu empresa, te permiten tener el capital suficiente para generar una franquicia de tu negocio, **¡Adelante!**, esta es la mejor recomendación que te puedo hacer. De esta forma, puedes diversificar tus recursos y acrecentar las probabilidades de incrementar tu capital a largo plazo. Consulta con tu asesor financiero sobre las posibilidades de ampliar tus horizontes, o invertir en otros proyectos de pequeñas o medianas empresas y así colaborar con nuevos emprendimientos, manteniendo en todo momento la misión y visión de **brindar un servicio destinado a alcanzar el éxito**.

Logrando la fidelización de clientes, a través de un sólido servicio y ofertas fidedignas, y controlando tus finanzas, obtendrás excelentes beneficios económicos y, especialmente el incremento de las utilidades, que, más adelante, puedes convertir en nuevas inversiones.

Si deseas asesoría del tema, busca **mi información de contacto al final del libro,** *y te atenderé con gusto.*

Isuperiordefintegral.iafi@gmail.com

ISBN: 9798743829620

Índice

Made in the USA
Columbia, SC
26 September 2022

67978305R00057